Lumina nova

Lernvokabeln

auf der Grundlage von Litora erarbeitet von
Inge Mosebach-Kaufmann, Hubert Müller
und Martina Steinkühler

2. Auflage

Vandenhoeck & Ruprecht

ISBN 978-3-525-71059-3

Printed in Germany.
Satz und Lithos: SchwabScantechnik, Göttingen.
Druck und Bindung: ⊕ Hubert & Co, Göttingen

Gedruckt auf chlorfrei gebleichtem Papier.

Lektion 1

discipulus *m.*	Schüler
est (*Inf.*: esse)	er, sie, es ist (*Inf.*: sein)
tenēre	halten
intrāre	betreten
salūtāre	(be)grüßen
libenter *Adv.*	gern
discere	lernen
autem	jedoch, aber
timēre	fürchten
nam	denn
saepe *Adv.*	oft
īrātus, īrāta	zornig
nōn	nicht
audīre	hören, zuhören
etiam	auch; sogar
fābula *f.*	Geschichte, Fabel
Graecus, Graeca	griechisch
legere	lesen
iuvat	es bereitet Freude
dēlectāre	erfreuen
dēbēre	müssen; schulden
laudāre	loben
scrībere	schreiben
studēre	sich bemühen, versuchen
placēre	gefallen
errāre	einen Fehler machen, (sich) irren
licēre	erlaubt sein
licet	es ist erlaubt, man darf
et	und; auch
error, errōrem *m.*	Irrtum, Fehler
invenīre	finden
vituperāre	tadeln
valdē *Adv.*	sehr
clāmāre	schreien, rufen
nunc *Adv.*	jetzt, nun
timor, timōrem *m.*	Furcht
māgnus, māgna	groß
nōn iam *Adv.*	nicht mehr

Ordne folgende Lehn- und Fremdwörter sowie die Wörter aus dem Englischen und Französischen oben stehenden Vokabeln zu. Überlege jeweils auch, ob und ggf. wie sich ihre Bedeutung verändert hat.

error – tenir – entrer – *Salut* – écrire – lire – *Disziplin* – *Auditorium* – *fabulieren* – *Studium* – devoir – étudier – *Plazet* – *Lizenz* – une erreur – to invent – saluer – inventer – *Klamauk* – to enter – licence – *Laudatio* – to study – plaire.

Lektion 2

dominus *m.*	(Haus-) Herr
domina *f.*	Hausherrin
uxor *f.*	(Ehe-) Frau
amīcus *m.*	Freund
amīcus, amīca	befreundet, freundschaftlich gesinnt
amīca *f.*	Freundin
ad *m. Akk.*	zu, an, bei
cēna *f.*	Essen, Mahlzeit
invītāre	einladen
hodiē *Adv.*	heute
exspectāre	erwarten
itaque	und so, daher, deshalb
servus *m.*	Sklave
ancilla *f.*	Sklavin
bonus, bona	gut
parāre	vorbereiten
sunt	sie sind *(3. Person Pl. zu* esse)
cibus *m.*	Speise
emere	kaufen
mēnsa *f.*	Tisch
ōrnāre	ausstatten, schmücken
apud *m. Akk.*	bei
multus, multa *meist Pl.*	viel
tum *Adv.*	da, dann, darauf; damals
per *m. Akk.*	durch … hindurch
via *f.*	Weg, Straße
ambulāre	spazieren gehen, schlendern
mercātor *m.*	Kaufmann
vendere	verkaufen
interim *Adv.*	inzwischen, unterdessen
lectus *m.*	Bett, Sofa
portāre	tragen, bringen
apportāre = ad-portāre	her(bei-)bringen, -tragen
venīre	kommen
advenīre	her(bei)kommen, ankommen
contentus, contenta	zufrieden, froh
alius, alia	ein anderer
aliī … aliī	die einen … die anderen
amāre	lieben, mögen
quod	da, weil; dass
tam *Adv.*	so
nēmō	niemand
pecunia	Geld

Ordne folgende Lehn- und Fremdwörter sowie die Wörter aus dem Englischen und Französischen oben stehenden Vokabeln zu. Überlege jeweils auch, ob und ggf. wie sich ihre Bedeutung verändert hat.

le marchand – *dominieren* – venir – to exspect – (the) porter – *Ornament* – une ambulance – multiple – *ambulant* – *Merkantilismus* – inviter – un ami – vendre –le lit – porter – *Advent*– content – *Amateur* – to invite – *Bonus* – *multiplizieren* –content, e – merchant – apporter – aimer.

Lektion 3

egō; mē *Akk.*	ich; mich
tū; tē *Akk.*	du; dich
nōs	wir *Nom.*; uns *Akk.*
vōs	ihr *Nom.*; euch *Akk.*
vīcīnus *m.*	Nachbar
vīcīna *f.*	Nachbarin
vīcīnus, a	benachbart
salvē!	sei gegrüßt! Guten Tag!
quid?	was?
agere, agō	tun, machen; (be)treiben
nihil	nichts
spectāre, spectō	betrachten; schauen
fessus, a	müde, erschöpft
post *m. Akk.*	nach, hinter
nox, *Akk:* noctem *f.*	Nacht
hīc *Adv.*	hier
dormīre, dormiō	schlafen
posse, possum	können
sōlum *Adv.*	allein, nur
nōnne?	denn nicht? (etwa) nicht?
vehere, vehō	transportieren; fahren
opprimere, opprimō	überfallen; niederdrücken
miser, misera	arm; elend
adiuvāre, adiuvō	unterstützen, helfen
num(?)	etwa?; ob
īre, eō	gehen
magister, *Akk.:* magistrum *m.*	Lehrer
clāmor, ōrem *m.*	Geschrei
dīmittere, dīmittō	entlassen, fortschicken
tacēre, taceō	schweigen; verschweigen
cūr(?)	warum(?)
semper *Adv.*	immer
aut	oder
ibī *Adv.*	da, dort
cavēre, caveō	sich hüten, sich in Acht nehmen
labōrāre, labōrō	arbeiten; sich bemühen
labor, ōrem *m.*	Arbeit; Anstrengung, Mühe
vocāre, vocō	rufen

vīsitāre, vīsitō	besuchen
-ne *angehängt*	*(Fragezeichen)*; ob
valē!	leb wohl!
valēre, valeō	gesund sein, stark sein

Ordne folgende Lehn- und Fremdwörter sowie die Wörter aus dem Englischen und Französischen oben stehenden Vokabeln zu. Überlege jeweils auch, ob und ggf. wie sich ihre Bedeutung verändert hat.

Vokal – *Egoist* – le voisin – *Visite* – le spectateur – *postmodern* – to act – spectator – *Nihilismus* – *Misere* – la nuit – dormir – master – *Vehikel* – opprimer – *Magister* – *Spektakel* – *Klamauk* – (se) taire – *Labor* – labour – visiter – *agieren* – to oppress – la misère – to visit.

Lektion 4

senātor, senātōris *m.*	Senator
vīlla, vīllae *f.*	Landhaus, -gut
vīlicus, vīlicī *m.*	Gutsverwalter
vīlica, vīlicae *f.*	Gutsverwalterin
hortus, hortī *m.*	Garten
campus, campī *m.*	Feld
-que	und
ubīque *Adv.*	überall
frūmentum, frūmentī *n.*	Getreide, Weizen
tēctum, tēctī *n.*	Dach
horreum, horreī *n.*	Scheune
reparāre, reparō	reparieren, ausbessern
colligere, colligō	(auf)sammeln
dare, dō	geben
cūnctī, cūnctae, cūncta	alle
cum	als, wenn, immer wenn
vidēre, videō	sehen
maximē *Adv.*	besonders
vīta, vītae *f.*	Leben
dūrus, a, um	hart
salūs, salūtis *f.*	Wohlergehen
populus, populī *m.*	Volk
Rōmānus, Rōmānī *m.*	Römer
Rōmānus, a, um	römisch
cōnsulere *m. Dat.*	sorgen für
sed	aber; sondern
nē … quidem	nicht einmal
ōtium, ōtiī *n.*	freie Zeit
nōbīs *Dat.*	uns
cūstōdīre, cūstōdiō	be-, überwachen
subitō *Adv.*	plötzlich
mōnstrāre, mōnstrō	zeigen
piger, pigra, pigrum	faul

nōnnūllī, nōnnūllae, nōnnūlla	manche
gaudium, ī *n. m. Gen.*	Freude *an*
parvus, a, um	klein
postrīdiē *Adv.*	am folgenden Tag
et … et	sowohl … als auch

Ordne folgende Lehn- und Fremdwörter sowie die Wörter aus dem Englischen und Französischen oben stehenden Vokabeln zu. Überlege jeweils auch, ob und ggf. wie sich ihre Bedeutung verändert hat.

Gaudi – village – date – la collection – *populär* – le champs – *reparieren* – collection – la date – *Vitalität* – la ville – la vie – dūr, e – le salut – réparer – le camp – people – le toit – le vidéo – camp – romain, e – le peuple – *Campus* – montrer – *Villa* – *Kollekte* – *Camping* – to repair – Roman – *Datum* – video – *vital.*

Lektion 5

rēs, reī *f.*	Sache
pūblicus, a, um	öffentlich
rēs pūblica, reī pūblicae *f.*	Republik, Staat
pars, partis *f.*	Teil
plēbs, plēbis *f.*	(einfaches) Volk, Plebs
enim	nämlich
novus, a, um	neu
rēs novae, rērum novārum *f.*	Umsturz
studēre, studeō	1. sich bemühen, versuchen *(vgl. Lekt. 1)* 2. *m. Dat.*: sich bemühen *um*
māiōrēs, um *m.*	Vorfahren
temptāre, temptō	versuchen; angreifen
diēs, ēī *m.*	Tag
cōnsul, is *m.*	Konsul
dēlīberāre, dēlīberō	überlegen, sich beratschlagen
ōrātiō, ōnis *f.*	Rede
habēre, habeō	haben, halten
ōrātiōnem habēre	eine Rede halten
cupere, cupiō	wünschen, wollen
disputāre, disputō	diskutieren, streiten
interdum *Adv.*	manchmal
in *m. Akk.*	in (… hinein); nach
suus, a, um	sein, ihr
bene *Adv.*	gut
iubēre, iubeō	beauftragen, befehlen
vir, ī *m.*	Mann
plēnus, a, um *m. Gen.*	voll *von*
tamen	dennoch, trotzdem
scīre, sciō	wissen
turba, ae *f.*	Schar, (Menschen-)Menge
lūdere, lūdō	spielen

numerāre, numerō	zählen
properāre, properō	eilen, schnell gehen
paucī, ae, a	(nur) wenige
adesse, adsum	da sein; helfen
silentium, ī *n.*	Ruhe, Stille, Schweigen
gaudēre, gaudeō	sich freuen
fugere, fugiō	fliehen
posteā *Adv.*	später
homō, inis *m.*	Mann, Mensch

Ordne folgende Lehn- und Fremdwörter sowie die Wörter aus dem Englischen und Französischen oben stehenden Vokabeln zu. Überlege jeweils auch, ob und ggf. wie sich ihre Bedeutung verändert hat.

Publikum – to deliberate – le silence – la part – republic – part – *Novum* – étudier –délibérer – to have – to dispute – publique – disputer – *Plenum* – *partiell* – plein, e – science – *Republik* – la science – *studieren* – *nummerieren* – neuf, ve – to number – to study – numérer – silence –un homme – bien – public – *Novize* – avoir – temptation – *Disput*.

Lektion 6

in *m. Abl.*	in, auf
in *m. Akk.*	in … hinein; nach *(vgl. Lekt. 5)*
iam *Adv.*	schon, jetzt, gleich
prīmus, a, um	erster
lūx, lūcis *f.*	Licht
cum *m. Abl.*	mit
pūgnāre, pūgnō	kämpfen
favēre, faveō *m. Dat.*	*jdn.* unterstützen, *jdm.* gewogen sein
vōx, cis *f.*	Stimme
victōria, ae *f.*	Sieg
spēs, eī *f.*	Hoffnung, Erwartung
sine *m. Abl.*	ohne
capere, capiō	fassen, fangen
verbum, ī *n.*	Wort
iacere, iaciō	schleudern, werfen
terror, ōris *m.*	Schrecken
afficere, afficiō *m. Abl.*	*mit etw.* versehen
vērus, a, um	wahr, echt, aufrecht
rē vērā	tatsächlich, in Wirklichkeit
necāre, necō	töten
intereā *Adv.*	unterdessen, inzwischen
diū *Adv.*	lange
gladius, ī *m.*	Schwert
parātus, a, um	bereit
sīgnum, ī *n.*	Zeichen
quidem *Adv.*	zwar, wenigstens, allerdings
pūgna, ae *f.*	Kampf

neglegere, neglegō	nicht beachten, vernachlässigen
dē *m. Abl.*	von (… herab); über
paulō post *Adv.*	kurz darauf
tōtus, a, um	ganz
urbs, urbis *f.*	(Groß-)Stadt
fuga, ae *f.*	Flucht
in fugam dare	in die Flucht schlagen
imperātor, ōris *m.*	Kaiser, Feldherr
decem	zehn
annus, ī *m.*	Jahr
locus, ī *m.*	Ort, Platz, Stelle
loca, ōrum *n.*	Gegend

Ordne folgende Lehn- und Fremdwörter sowie die Wörter aus dem Englischen und Französischen oben stehenden Vokabeln zu. Überlege jeweils auch, ob und ggf. wie sich ihre Bedeutung verändert hat.

Primus – local – *Dezimalsystem* – négliger –*Favorit* – la voix – le verbe – la victoire – *Dekade* – la terreur – véritable – *Lokus* – prēt, e – *Signal* – favourite – premier – sign – voice – victory – le signe – to neglect – favoriser – total, e – la terreur – urbain, e – dix – un an – *Lokalpatriot* – *Viktor* – *urban* – terror – *verbal* – anniversary – tout, e.

Lektion 7

sē	*Akk. und Abl. des Reflexivpronomens*
cōgitāre, cōgitō	überlegen
is, ea, id	dieser, diese, dies(es); er, sie, es
ante *m. Akk.*	vor
oculus, ī *m.*	Auge
rīdēre, rīdeō	lachen
sibī	*Dat. des Reflexivpronomens*
sentīre, sentiō	fühlen, meinen, merken
dēns, dentis *m.*	Zahn
pēs, pedis *m.*	Fuß
laedere, laedō	verletzen
ē / ex *m. Abl.*	aus … heraus; von
cēdere, cēdō	gehen, weichen, schwinden
umbra, ae *f.*	Schatten
abīre, abeō	weggehen
lacrima, ae *f.*	Träne
quaerere, quaerō	suchen, fragen nach
tandem *Adv.*	endlich, schließlich
adīre, adeō	aufsuchen
ōrāre, ōrō	reden, bitten
ō!	o!, ach!
causa, ae *f.*	Grund, Ursache
meus, a, um	mein
redīre, redeō	zurückgehen

dum *m. Ind. Präs.*	während; solange
flēre, fleō	(be)weinen
inquit *eingeschoben*	er/sie sagt(e)
commovēre, commoveō	*innerlich* bewegen
vōbīs *Dat.*	euch
rēgnum, ī *n.*	Königreich, Herrschaft
tibi	dir
tuus, a, um	dein
sī	wenn, falls
flectere, flectō	(um)drehen, biegen
manēre, maneō	bleiben
longus, a, um	lang, weit
ā / ab *m. Abl.*	von
porta, ae *f.*	Tür, Tor
abesse, absum	abwesend sein
paene *Adv.*	fast, beinahe
exīre, exeō	hinausgehen
sōl, sōlis *m.*	Sonne
tangere, tangō	berühren

Ordne folgende Lehn- und Fremdwörter sowie die Wörter aus dem Englischen und Französischen oben stehenden Vokabeln zu. Überlege jeweils auch, ob und ggf. wie sich ihre Bedeutung verändert hat.

Solarium – une ombre – *lädiert* – to reflect – le soleil – *präsent* – pedestrian – *Tango* – sense – *Portier* – dentist – *flennen* – la cause – *Oratorium* – *kausal* – because – commotion – reign – *sentimental* – le règne – *reflektieren* – to remain – *Portal* – la réflexion – la porte – *Absenz* – un oeuil – *Rezession* – absent, e – *Solarenergie* – le pied – *Tangente* – *Pedal* – *immanent* – present.

Lektion 8

fīlius, ī *m.*	Sohn
fīlia, ae *f.*	Tochter
Iuppiter, Iovis *m.*	*höchster Gott der Römer*
deus, ī *m.*	Gott
dea, ae *f.*	Göttin
quī, quae, quod	welcher, welche, welches; der, die, das
putāre, putō	glauben, meinen; *mit doppeltem Akk.*: halten für
mihi	mir
possidēre, possideō	besitzen
beātus, a, um	glücklich
cēnāre, cēnō	essen, speisen
interesse, intersum *m. Dat.*	dabei sein, teilnehmen
mundus, ī *m.*	Welt(all)
neque	und nicht, auch nicht, aber nicht
neque … neque	weder … noch
virtūs, ūtis *f.*	Tapferkeit, Tüchtigkeit, Leistung
potentia, ae *f.*	Macht

sapientia, ae *f.*	Weisheit
superāre, superō	übertreffen
prōdere, prōdō	verraten
adōrāre, adōrō	anbeten, verehren
cōnsilium, ī *n.*	Rat, Plan
īgnōrāre, īgnōrō	nicht kennen, nicht wissen
nōn īgnōrāre	genau kennen
līber, a, um	frei
nōmen, inis *n.*	Name
maximus, a, um	größter
tempus, oris *n.*	Zeit
stāre, stō	stehen
vulnus, eris *n.*	Wunde
corpus, oris *n.*	Körper
dolor, ōris *m.*	Schmerz
labōrāre, labōrō *m. Abl.*	leiden *an/unter*
labōrāre, labōrō	arbeiten; sich bemühen *(vgl. Lekt. 3)*
ōs, ōris *n.*	Mund, Gesicht
aqua, ae *f.*	Wasser
appropinquāre, appropinquō	sich nähern
pulcher, pulchra, pulchrum	schön
caput, itis *n.*	Kopf
caelum, ī *n.*	Himmel
praetereā *Adv.*	außerdem
vester, vestra, vestrum	euer
pater, tris *m.*	Vater
līberāre, līberō	befreien

Ordne folgende Lehn- und Fremdwörter sowie die Wörter aus dem Englischen und Französischen oben stehenden Vokabeln zu. Überlege jeweils auch, ob und ggf. wie sich ihre Bedeutung verändert hat.

Kapitel – *Possessivpronomen* – le fils – *temporal* – posséder – interest – *Maximum* – le monde – *virtuell* – chapter – *Potenz* – adorer – counsel – le chef – la douleur – le conseil – libre – *nominell* – possession – le nom – *Tempo* – to ignore – le corps – oral – Aquarium – *interessieren* – *Kapitän* – le ciel – le père – to liberate – le temps – libérer – *mondän* – *Filiale* – le dieu – *Beate* – ignorer – *stabil* – liberty.

Lektion 9

Stammformen bereits gelernter Vokabeln

habēre, habeō, habuī, (habitum)	haben, halten
placēre, placeō, placuī, (placitum)	gefallen
scrībere, scrībō, scrīpsī, (scrīptum)	schreiben

aliquid	etwas
herī *Adv.*	gestern
pulcherrimus, a, um	schönster; sehr schön, wunderschön
rēgia, ae *f.*	Königsburg, königlicher Palast
rēx, rēgis *m.*	König

colloquium, ī *n.*	Gespräch
laetus, a, um	froh, fröhlich
inter *m. Akk.*	unter, zwischen
quis?	wer?
hospes, hospitis *m.*	Gast(freund); Fremder
nārrāre, nārrō	erzählen
ut	wie
dīcere, dīcō, dīxī, (dictum)	sagen
pāstor, pāstōris *m.*	Hirte
mōns, montis *m.*	Berg
grex, gregis *m.*	Herde
nōndum *Adv.*	noch nicht
fidēs, fideī *f.*	Treue, Zuverlässigkeit; Vertrauen; Glaube
audēre, audeō	wagen
īra, ae *f.*	Zorn
accipere, accipiō, accēpī, (acceptum)	annehmen, empfangen
mulier, mulieris *f.*	Frau
orbis, is *m.*	Kreis
terra, ae, *f.*	Erde
orbis terrārum, orbis terrārum	Erdkreis
fēmina, ae *f.*	Frau
amor, amōris *m.*	Liebe
firmus, a, um	fest; zuverlässig; sicher
prōmittere, prōmittō, prōmīsī, (prōmissum)	versprechen
cūra, ae *f.*	Sorge; Sorgfalt
cōgnōscere, cōgnōscō, (cōg)nōvī, (cōgnitum)	erfahren; kennenlernen
cūrāre, cūrō	besorgen, sich kümmern um
quamquam	obwohl, obgleich
prius *Adv.*	früher
convenīre, conveniō, convēnī, (conventum)	zusammenkommen; treffen

Ordne folgende Lehn- und Fremdwörter sowie die Wörter aus dem Englischen und Französischen oben stehenden Vokabeln zu. Überlege jeweils auch, ob und ggf. wie sich ihre Bedeutung verändert hat.

Konvention – to promise – la cure – *Feminismus* – un amour – akzeptieren – *narrativ* – narrative – *Pastor* – la montagne – dire – convenir – la foi – to accept – *Terrarium* – la femme – *amourös* – la terre –firm – *konventionell* – mountain – cure – promettre – *kognitiv* – *Interregnum* – *Firmung* – amoureux, se – le narrateur – accepter – *Orbitalbahn.*

Lektion 10

Stammformen bereits gelernter Vokabeln

invenīre, inveniō, invēnī, (inventum)	finden
vidēre, videō, vīdī, (vīsum)	sehen
cupere, cupiō, cupīvī *u.* cupiī, (cupītum)	wünschen, wollen
dare, dō, dedī, (datum)	geben
adiuvāre, adiuvō, adiūvī, (adiūtum)	unterstützen; helfen

oppūgnāre, oppūgnō	bestürmen, angreifen
occidere, occidō, occidī, (occāsum)	untergehen; sterben
mors, mortis *f.*	Tod
coniūnx, iugis *m. u. f.*	Ehemann; Ehefrau
sors, sortis *f.*	Los; Schicksal
decimus, a, um	zehnter
dolus, ī *m.*	List
cantāre, cantō	singen
celebrāre, celebrō	feiern
dēcipere, dēcipiō, dēcēpī, (dēceptum)	täuschen
vincere, vincō, vīcī, (victum)	(be)siegen
forum, ī *n.*	Marktplatz
perīculum, ī *n.*	Gefahr
iterum *Adv.*	wiederum
equus, ī *m.*	Pferd
cōnsulere, cōnsulō, cōnsuluī, (cōnsultum)	1. *m. Dat.:* sorgen für *(vgl. Lekt. 4)* 2. *m. Akk.:* um Rat fragen 3. sich beraten
cum *Konjunktion*	als, wenn, immer wenn *(vgl. Lekt. 4)*; als plötzlich
postulāre, postulō	fordern
odium, ī *n.*	Hass
prūdentia, ae *f.*	Klugheit
numquam *Adv.*	niemals
at	aber, jedoch
trahere, trahō, trāxī, (tractum)	ziehen; schleppen
arma, ōrum *n.*	Waffen
rōbur, oris *n.*	Kraft
animus, ī *m.*	Geist, Sinn
in animō habēre	beabsichtigen
dēsinere, dēsinō, dēsiī, (dēsitum)	aufhören
expūgnāre, expūgnō	erobern
crēdere, crēdō, crēdidī, (crēditum)	glauben, meinen; vertrauen
relinquere, relinquō, relīquī, (relictum)	verlassen; zurücklassen
dōnum, ī *n.*	Geschenk
addere, addō, addidī, (additum)	hinzutun; hinzufügen
dētinēre, dētineō, dētinuī, (dētentum)	abhalten
gemere, gemō, gemuī, (gemitum)	seufzen; stöhnen

aperīre, aperiō, aperuī, (apertum)	öffnen
ultimus, a, um	letzter

Ordne folgende Lehn- und Fremdwörter sowie die Wörter aus dem Englischen und Französischen oben stehenden Vokabeln zu. Überlege jeweils auch, ob und ggf. wie sich ihre Bedeutung verändert hat.

to arm – deception – une invention – le sort – *Dezimalsystem* – credit – conseiller – mortal – la prudence – une armée – *Dezember* – *Kantate* – *zelebrieren* – célébrer – Ultimatum – vaincre – to counsel – chanter – *postulieren* – *addieren* – *Relikt* – prudence – *Solo* – *subtrahieren* – postuler – *Armee* – army – *robust* – *Kredit* – la mort – *Reliquien* – donation – croire – celebrity – to add – to detain –ultimate – *Okzident* – *Traktor* – to celebrate – animer.

Lektion 11

Stammformen bereits gelernter Verben

quaerere, quaerō, quaesīvī, (quaesītum)	suchen; fragen nach

interitus, ūs *m.*	Untergang
postquam *m. Perf.*	nachdem
exercitus, ūs *m.*	Heer
incendere, incendō, incendī, (incēnsum)	anzünden, in Brand stecken
socius, ī *m.*	Gefährte, Kamerad; Bundesgenosse
effugere, effugiō, effūgī, (-)	(ent)fliehen
iussū *unveränderlich*	auf Befehl
patria, ae *f.*	Vaterland
ōra, ae *f.*	Küste
atque / ac	und
metus, ūs *m.*	Angst, Furcht
tempestās, ātis *f.*	Unwetter, Sturm; Wetter
aegrē *Adv.*	kaum; mit Mühe
nāvis, is *f.*	Schiff
rēgīna, ae *f.*	Königin
ubī(?)	wo(?)
ubī (prīmum)	sobald
aedificāre	bauen
vīvere, vīvō, vīxī, (-)	leben
domus, ūs ***f.***	Haus
domum	nach Hause
domī *Lokativ*	zu Hause
domō	von zu Hause
aliquandō *Adv.*	einst, irgendwann
nūntius, ī *m.*	Bote, Botschaft
an?	oder (etwa)?
gens, gentis *f.*	Volk(sstamm); (vornehme) Familie
quīn etiam	ja sogar
maestus, a, um	traurig
reverentia, ae *f.*	Ehrfurcht, Respekt

pārēre, pāreō, pāruī	gehorchen
manus, ūs *f.*	Hand; Schar
saevus, a, um	grausam
permittere, mittō, mīsī, (missum)	erlauben, zulassen
nōscere, nōscō, nōvī, nōtum	kennenlernen, erkennen; erfahren

Ordne folgende Lehn- und Fremdwörter sowie die Wörter aus dem Englischen und Französischen oben stehenden Vokabeln zu. Überlege jeweils auch, ob und ggf. wie sich ihre Bedeutung verändert hat.

Domizil – la révérence – permettre – social, e – (the) manual – vivre – *Domäne* – social – permission – *Navigationssystem* – vivid – la tempēte – les gens – *Manufaktur* – *Patriot* – dome – *parieren* – la patrie – *Reverenz* – la main – la reine – navy – le dōme – *manuell* – un édifice – to permit – *Dom* – reverence – *sozial* – tempest – *Gentilname* – patriotic – domestic.

Lektion 12

Stammformen bereits gelernter Vokabeln

iubēre, iubeō, iussī, (iussum)	beauftragen, befehlen
rīdēre, rīdeō, rīsī, (rīsum)	lachen

oppidum, ī *n.*	(befestigte) Siedlung, (kleine) Stadt
habitāre	wohnen
condere, condō, condidī, (conditum)	gründen
ille, illa, illud	jener, jene, jenes
hic, haec, hoc	dieser, diese, dieses
idōneus, a, um	geeignet
regiō, iōnis *f.*	Gebiet
ingenium, iī *n.*	Anlage, Begabung, Talent
audācia, ae *f.*	Kühnheit
frāter, tris *m.*	Bruder
prīncipātus, ūs *m.*	führende Stellung, Vorrang
certāre	(wett-)kämpfen, streiten
iste, ista, istud	dieser (da), diese (da), dieses (da)
contrōversia, ae *f.*	Streit, Meinungsverschiedenheit
antīquus, a, um	alt, altertümlich
facere, faciō, fēcī, (factum)	machen, tun, herstellen
numerus, ī *m.*	Anzahl
certus, a, um	sicher, bestimmt
certē *Adv.*	sicher, bestimmt
igitur	also
mox *Adv.*	bald (darauf)
sex	sechs
advolāre	herbeifliegen
duodecim	zwölf
cōnsentīre, cōnsentiō, cōnsēnsī, (cōnsēnsum)	übereinstimmen, einer Meinung sein
bōs, bovis *m.*	Rind, Ochse

impōnere, impōnō, imposuī, (impositum)	auf *etw.* setzen, stellen, legen
incipere, incipiō, coepī, (coeptum)	anfangen, beginnen
fīnis, is *m.*	*Sg.*: Grenze, Ende; *Pl.*: Gebiet
noster, nostra, nostrum	unser
hostis, is *m.*	Feind
trānsīre, trānseō, trānsiī, (trānsitum)	(hin)übergehen; überschreiten
ūnus, a, um	ein, einer
pōnere, pōnō, posuī, (positum)	setzen, legen, stellen
modus, ī *m.*	Art und Weise; Maß
dēfendere, dēfendō, dēfendī, (dēfensum)	abwehren, verteidigen

Ordne folgende Lehn- und Fremdwörter sowie die Wörter aus dem Englischen und Französischen oben stehenden Vokabeln zu. Überlege jeweils auch, ob und ggf. wie sich ihre Bedeutung verändert hat.

Defensive – antique – *Zertifikat* – hostile – consentir – imposer – fraternal – notre –*Kontroverse* – *Transitvisum* – *imposant* – *antik* – factory – *Nummer* – faire – certain – le nombre – to consent – to impose – *Finale* – la région – to defend – le frère – la fin – hostility – certain, e – *Konsens* – *fraternisieren* – *Ingenieur* – la controverse – défendre – habiter – *Gen* – douze – number.

Lektion 13

cōgere, cōgō, coēgī, (coāctum)	zusammentreiben; zwingen
quōmodo?	auf welche Weise? wie?
ager, agrī *m.*	Acker, Feld
nescīre, nesciō	nicht wissen
necesse est	es ist notwendig
terrēre, terreō, terruī, (territum)	erschrecken
ipse, ipsa, ipsum	selbst, gerade
avārus, a, um	habsüchtig, gierig
agricola, ae *m.*	Bauer
pretium, ī *n.*	Preis, Wert, Geld
perdere, perdō, perdidī, (perditum)	zugrunde richten, vernichten
bellum, ī *n.*	Krieg
cīvis, is *m. und f.*	Bürger, Bürgerin
mīles, itis *m.*	Soldat
colere, colō, coluī, (cultum)	bebauen, pflegen, verehren
līberī, ōrum *m.*	Kinder
ēducāre, ēducō	aufziehen, erziehen
sitis, is *f.*, *Akk.*: sitim, *Abl.*: sitī	Durst
famēs, is *f.*	Hunger
dēpellere, dēpellō, dēpulī, (dēpulsum)	vertreiben
auxilium, ī *n.*	Hilfe
servāre, servō	retten, bewahren
crūdēlitās, ātis *f.*	Grausamkeit
eques, itis *m.*	Reiter, Ritter

pedes, itis *m.*	Fußsoldat, Infanterist
fīnīre	beenden
glōria, ae *f.*	Ruhm
dēesse, dēsum	fehlen
mittere, mittō, mīsī, (missum)	loslassen, schicken
alter, altera, alterum	der eine (von beiden), der andere
dīligere, dīligō, dīlēxī, (dīlēctum)	schätzen, lieben
fortasse *Adv.*	vielleicht
causā *(nachgestellt) m. Gen.*	wegen, um … willen

Ordne folgende Lehn- und Fremdwörter sowie die Wörter aus dem Englischen und Französischen oben stehenden Vokabeln zu. Überlege jeweils auch, ob und ggf. wie sich ihre Bedeutung verändert hat.

to finish – *glorios* – agricultural – *Missionar* – la culture – terrifier – *Mission* – to educate –cruelty – la faim – le prix – la gloire – *Militär* – auxiliary – conserver – cruel, le – to terrify – konservativ – culture – *Alternative* – price – *Konserve* –glory – agricole – civil, e – conservative – *Kultur* – avare – *Zivilbevölkerung* – la nécessité – military – civil.

Lektion 14

Stammformen bereits gelernter Vokabeln

capere, capiō, cēpī, captum	fassen, fangen
opprimere, opprimō, oppressī, oppressum	überfallen; niederdrücken
afficere, afficiō, affēcī, affectum	*mit etw.* versehen
vendere, vendō, vendidī, venditum	verkaufen
commovēre, commoveō, commōvī, commōtum	(innerlich) bewegen

dux, ducis *m.*	Führer, Heerführer
cōpia, ae *f.*	Vorrat, Menge
cōpiae, ārum *f.*	Truppen
redūcere, redūcō, redūxī, reductum	zurückführen
praesidium, ī *n.*	Schutztruppe, Posten
obsīdere, obsīdō, obsēdī, obsessum	besetzen, belagern
interficere, interficiō, interfēcī, interfectum	töten
salūtem dīcere, dīcō, dīxī, dictum	grüßen
praeclārus, a, um	herrlich; berühmt
obsidiō, ōnis *f.*	Belagerung
situs, a, um	gelegen, liegend
mūnītiō, ōnis *f.*	Befestigung; Schanzarbeit
turris, is *f.* (*Akk.* turrim, *Abl.* turrī)	Turm
exstruere, exstruō, exstrūxī, exstrūctum	aufbauen, errichten
dēnique *Adv.*	schließlich, endlich
dēdere, dēdō, dēdidī, dēditum	übergeben, ausliefern
honor, ōris *m.*	Ehre, Ehrung

quīdam, quaedam, quoddam *adj.*	ein gewisser, (irgend)ein
quīdam, quaedam, quiddam *subst.*	jemand, etwas; *Pl.*: einige
cōnficere, cōnficiō, cōnfēcī, cōnfectum	zustande bringen, vollenden; erschöpfen
malus, a, um	schlecht
tollere, tollō, sustulī, sublātum	auf-, emporheben; beseitigen
quasi *Adv.*	gleichsam, wie
onerāre, onerō	belasten, beladen
proelium, ī *n.*	Schlacht, Gefecht
committere, committō, commīsī, commissum	veranstalten; anvertrauen
proelium committere	ein Gefecht beginnen/schlagen
quot(?)	wie viele(?)
vulnerāre, vulnerō	verwunden, verletzen
caedere, caedō, cecīdī, caesum	fällen; töten
explōrāre, explōrō	erkunden, erforschen
gerere, gerō, gessī, gestum	tragen; (aus)führen
bellum gerere	Krieg führen
quantus, a, um(?)	wie groß(?), wie viel(?)

Ordne folgende Lehn- und Fremdwörter sowie die Wörter aus dem Englischen und Französischen oben stehenden Vokabeln zu. Überlege jeweils auch, ob und ggf. wie sich ihre Bedeutung verändert hat.

Munition – quantity – *Malus* – un explorateur – confection – *reduzieren* – *honorieren* – obsessive – gérer – le site – munir – honorer – réduire – *Kommission* – to be obsessed – to commit – *Quotient* – la quantité – *Obsession* – *Quote* –site – vulnerable – honour – vulnérable – *explorieren* – explorer – *Quantität* – to reduce – la tour.

Lektion 15

appellāre, appellō	nennen
morbus, ī *m.*	Krankheit
negāre, negō	verneinen, bestreiten
ūllus, a, um	irgendein
sīgnum, ī *n.*	Zeichen *(vgl. Lekt. 6)*; Götterbild, Statue
aliquis, aliqua, aliquid *subst.*	irgendeiner, irgendeine, irgendetwas; jemand, etwas
aliquī, aliqua(e), aliquod *adj.*	irgendein, irgendeine, irgendein
tot *undekl.*	so viele
cupidus, a, um	(be)gierig
improbus, a, um	schlecht, unredlich; unverschämt
auferre, auferō, abstulī, ablātum	wegtragen, wegschaffen
templum, ī *n.*	Tempel
fānum, ī *n.*	Heiligtum, Tempel
scelus, eris *n.*	Verbrechen
scelus committere	ein Verbrechen begehen
nefārius, a, um	frevelhaft, verbrecherisch

aedēs, is *f.*	*Sg.*: Tempel; *Pl.*: Wohnhaus
sacer, cra, crum	heilig
noctū *Adv.*	nachts
longē *Adv.*	weit, fern
aes, aeris *n.*	Erz, Bronze
simulācrum, ī *n.*	(Stand-) Bild
auctor, ōris *m.*	Urheber, Veranlasser, Anstifter; Schriftsteller
armātus, a, um	bewaffnet
concursus, ūs *m.*	das Zusammenlaufen, Angriff
impetus, ūs *m.*	Angriff, Ansturm, Überfall
cūstōs, ōdis *m.*	Wächter
repellere, repellō, reppulī, repulsum	zurückschlagen
fāma, ae *f.*	Ruf, Gerücht
excitāre, excitō	aufwecken, antreiben
tēlum, ī *n.*	Waffe
offerre, offerō, obtulī, oblātum	anbieten
rapere, rapiō, rapuī, raptum	(weg-)reißen; rauben
ferre, ferō, tulī, lātum	bringen, tragen; ertragen
etsī	auch wenn
āiō, āis, āit, āiunt; *Imperf.*: āiēbam	sagen
minus *Adv.*	weniger
quam	wie; *nach Komparativ:* als
referre, referō, rettulī relātum	bringen, berichten
referre in aliquid	unter etw. verbuchen
oportet, oportuit (*Inf.*: oportēre)	es ist nötig

Ordne folgende Lehn- und Fremdwörter sowie die Wörter aus dem Englischen und Französischen oben stehenden Vokabeln zu. Überlege jeweils auch, ob und ggf. wie sich ihre Bedeutung verändert hat.

exciter – *Minorität* – le temple – famous – *sakral* – to appeal – morbid – negative – *Signal* – référer – minority – *profan* – *famos* – la cupidité – sacred – concourir – profane – *Autor* to refer – sign – to concur – *Kustos* – *morbid* – custodian – fameux, se – author – to excite – appeler – *Oblate* – *Referat* – la négation – *referieren* – *appellieren* – le signe – un auteur.

Lektion 16

convocāre, vocō	zusammenrufen
Quirītēs!, Quirītium *m.*	Bürger! *(Anrede an die röm. Bürger)*
nūper *Adv.*	neulich
iter, itineris *n.*	Weg, Reise
dēserere, serō, seruī, sertum	verlassen, im Stich lassen
ingēns, ingentis	riesig
aliēnus, a, um	fremd
sēdēs, is *f.*	Sitz, Wohnsitz
bēstia, ae *f.*	(wildes) Tier
prō *m. Abl.*	für; anstelle von
ācer, ācris, ācre	scharf, heftig, erbittert

expellere, pellō, pulī, pulsum	vertreiben
vel	oder
patricius, ī *m.*	Patrizier
difficilis, e	schwer, schwierig
indīgnus, a, um	unwürdig
vexāre, vexō	quälen
necessārius, a, um	notwendig
carēre, careō, caruī, – *m. Abl.*	entbehren
omnis, e	ganz, jeder; *Pl.*: alle
plūs, plūris	mehr
dīves, dīvitis (*Abl. Sg.* dīvite, *Gen. Pl.* dīvitum)	reich
lēx, lēgis *f.*	Gesetz
opus, operis *n.*	Werk
opus est *m. Abl.*	*(eine Sache)* ist nötig
praemium, ī *n.*	Belohnung
alere, alō, aluī, altum	ernähren
obsecrāre, obsecrō	beschwören, dringend bitten
tribūnus, ī *m.*	Tribun *(röm. Beamter)*
tribūnus plēbis, tribūnī plēbis *m.*	Volkstribun
creāre, creō	wählen; erschaffen
reddere, reddō, reddidī, redditum	zurückgeben
brevis, e	kurz
fēlīx, fēlīcis	glücklich
lībertās, ātis *f.*	Freiheit
dīgnitās, ātis *f.*	Würde
dīgnus, a, um *m. Abl.*	*einer Sache* würdig

Ordne folgende Lehn- und Fremdwörter sowie die Wörter aus dem Englischen und Französischen oben stehenden Vokabeln zu. Überlege jeweils auch, ob und ggf. wie sich ihre Bedeutung verändert hat.

la liberté – *Kreatur* – *Deserteur* – la bête – âcre – to expel – difficult – indigne – nécessaire – *Karenzzeit* – *Omnibus* – plural – *Legislative* – legal – dignity – la loi – convoquer – une oeuvre – *prämieren* – alien – premium – beast – *alimentieren* – to desert – créer.

Lektion 17

cīvitās, ātis *f.*	Bürgerschaft, Stadt, Staat
praeter *m. Akk.*	außer
honestus, a, um	ehrenhaft
sermō, ōnis *m.*	Gespräch, Rede; Sprache
nec (= neque)	und nicht, auch nicht, aber nicht
modestia, ae *f.*	Bescheidenheit, Mäßigung
ut *m. Konj.*	dass, damit
prīvātus, a, um	privat, persönlich
vitium, ī *n.*	Fehler, Laster
facilius *Adv.*	leichter

nē *m. Konj.*	dass nicht, damit nicht
nūbere, nūbō, nūpsī, nūptum *m. Dat.*	*jdn.* heiraten *(von der Frau aus gesehen)*
fōrma, ae *f.*	Gestalt, Form; Schönheit
iuventūs, tūtis *f.*	Jugend
prīnceps, prīncipis *m.*	der Erste, Anführer; *adj.*: erster; *Titel der röm. Kaiser*
admīrātiō, ōnis *f.*	Bewunderung
optāre, optō	wünschen
invidia, ae *f.*	Neid
accendere, cendō, cendī, cēnsum	anzünden, entzünden, entflammen
marītus, ī *m.*	Ehemann
simulāre, simulō	vortäuschen; so tun, als ob
ars, artis *f.*	Kunst
utinam *m. Konj.*	wenn doch, hoffentlich
(utinam) nē *m. Konj.*	wenn nur nicht, hoffentlich nicht
tantus, a, um	so groß; so viel
cupiditās, ātis *f.*	Begierde, Leidenschaft
umquam *Adv.*	je(mals)
timēre, nē	fürchten, dass
timēre, ut	fürchten, dass nicht
aut ... aut	entweder ... oder
offendere, fendō, fendī, fēnsum	verletzen, beleidigen
genus, eris *n.*	Geschlecht, Art
sordidus, a, um	schmutzig, gemein
prōvincia, ae *f.*	Provinz
praeficere, ficiō, fēcī, fectum *m. Dat.*	an die Spitze stellen
prohibēre, hibeō, nē	verhindern, dass
aemulus, ī *m.*	Nebenbuhler, Rivale
mātrimōnium, ī *n.*	Ehe
dūcere, dūcō, dūxī, ductum	führen
in mātrimōnium dūcere	heiraten *(vom Mann aus gesehen)*

Ordne folgende Lehn- und Fremdwörter sowie die Wörter aus dem Englischen und Französischen oben stehenden Vokabeln zu. Überlege jeweils auch, ob und ggf. wie sich ihre Bedeutung verändert hat.

honnēte – le genre – une envie – to simulate – to prohibit – matrimony – modeste – facile – gender – simuler – la forme – to admire – une option – envy – marriage – *Simulant* – *Artist* – le sermon – art – to offend – private – modesty – offenser – sordid.

Lektion 18

Stammformen bereits gelernter Vokabeln

flēre, fleō, flēvī, flētum	weinen
advenīre, veniō, vēnī, ventum	ankommen, sich nähern

ut *m. Konj.*	dass, damit *(vgl. Lekt. 17)*; (so)dass
ut (nōn) *m. Konj.*	(so)dass nicht
cōnscius, a, um	bewusst, mitwissend
obīre, eō, iī, itum	entgegengehen

mortem obīre	sterben
accēdere, cēdō, cēssī, cessum	herankommen, sich nähern
stultissimus, a, um	dümmster, sehr dumm
stultus, a, um	dumm
mīlle, *Pl.* mīlia, mīlium *n.*	tausend
pār, paris	gleich
puer, puerī *m.*	Junge
tenebrae, ārum *f.*	Dunkelheit, Finsternis
melior, melius; *Gen.* meliōris	besser
restāre, restō, restitī, –	übrig bleiben
onus, oneris *n.*	Last
pariter *Adv.*	gleich, in gleicher Weise
hōra, ae *f.*	Stunde
aequus, a, um	gleich; gerecht
aequus animus, aequī animī *m.*	Gelassenheit, Gleichmut
satis *Adv.*	genug
multum *Adv.*	viel
contrā *m. Akk.*	gegen
philosophus, ī *m.*	Philosoph
damnāre, damnō	verurteilen
capitis damnāre	zum Tode verurteilen
afferre, afferō, attulī, allātum	herbeibringen
praestat	es ist besser
aliquem certiōrem facere dē	jdn. benachrichtigen über, mitteilen
retinēre, tineō, tinuī, tentum	zurückhalten
dēspērāre, dēspērō	verzweifeln
praeceptum, ī *n.*	Vorschrift, (An-)Weisung
memor, memoris *m. Gen.*	sich erinnernd, denkend an
philosophia, ae *f.*	Philosophie
docēre, doceō, docuī, doctum	lehren
senectūs, tūtis *f.*	(hohes) Alter
efficere, ficiō, fēcī, fectum	bewirken, hervorbringen
postrēmō *Adv.*	schließlich

Ordne folgende Lehn- und Fremdwörter sowie die Wörter aus dem Englischen und Französischen oben stehenden Vokabeln zu. Überlege jeweils auch, ob und ggf. wie sich ihre Bedeutung verändert hat.

to remember – satisfaction – la mémoire – *effektiv* – to condemn – desperate – conscious – accéder – *paritätische Mitbestimmung* – hour – meilleur, e – améliorer – les ténèbres *f.* – une heure – *Rest* – contre – senile – access – désespérer – la paire – le précepte – *Memorandum* –puéril, e – to commemorate – docile – onéreux, se – la conscience – mille.

Lektion 19

cum *m. Konj.*	als, nachdem; weil; obwohl
cum *m. Ind.*	als, wenn; immer wenn; als plötzlich
obviam *Adv.*	entgegen
cōnsistere, sistō, stitī, –	Halt machen, stehen bleiben
quō?	wohin?
senātus, ūs *m.*	Senat
quārē?	warum?
sollicitāre, sollicitō	beunruhigen
tranquillitās, ātis *f.*	Ruhe
vīnum, ī *n.*	Wein
bibere, bibō, bibī, –	trinken
vērē *Adv.*	wirklich, tatsächlich
officium, iī *n.*	Pflicht, Dienst
implēre, pleō, plēvī, plētum	erfüllen
vērō	aber
nisī	wenn nicht
nihil nisī	nichts außer
voluptās, ātis *f.*	Vergnügen, Lust
liber, librī *m.*	Buch
īnscrībere, scrībō, scrīpsī, scrīptum	mit einer Inschrift versehen, betiteln
ferē *Adv.*	ungefähr, etwa
gignere, gignō, genuī, genitum	erzeugen, hervorbringen
tantum *Adv.*	nur
commodum, ī *n.*	Vorteil
servīre, serviō, –, –	dienen, Sklave sein
tranquillus, a, um	ruhig
quiēs, ētis *f.*	Ruhe
plūrimī, ae, a	die meisten
nūllus, a, um	kein
ad rem pūblicam accēdere, accēdō	sich der Politik widmen, sich politisch betätigen
multitūdō, tinis *f.*	Menge, Masse
incitāre, incitō	antreiben, erregen, aufhetzen
subīre, eō, iī, itum	unter etw. gehen, auf sich nehmen
ita *Adv.*	so
sapiēns, ntis	weise
contrārius, a, um	gegenüberliegend
ē contrāriō	im Gegenteil
cārissimus, a, um	liebster, teuerster

Ordne folgende Lehn- und Fremdwörter sowie die Wörter aus dem Englischen und Französischen oben stehenden Vokabeln zu. Überlege jeweils auch, ob und ggf. wie sich ihre Bedeutung verändert hat.

quiet – *konträr* – inscription – library – *Generation* – officer – *Null* – tranquillity – un office – to implement – la librairie – *Genitalien* – to generate – tranquille – commode – voluptuous –la volupté – le livre – *annullieren* – inciter – *Exlibris* – *Homo sapiens* – *offiziell.*

Lektion 20

Stammformen bereits gelernter Vokabeln

venīre, veniō, vēnī, ventum	kommen
scīre, sciō, scīvī *u.* sciī, scītum	wissen
manēre, maneō, mānsī, mānsum	bleiben

mōs, mōris *m.*	Sitte
mōre	nach der Sitte
sella, ae *f.*	Stuhl, Sessel
vesper, vesperī *m.*	Abend
vesperī	am Abend, abends
rādere, rādō, rāsī, rāsum	rasieren
nummus, ī *m.*	Münze
appārēre, pāreō, pāruī, –	erscheinen
sērō *Adv.*	(zu) spät
(in) tempore	rechtzeitig
īdem, eadem, idem	derselbe
misericordia, ae *f.*	Mitleid
grātuītō *Adv.*	unentgeltlich, umsonst
melius *Adv.*	besser
tractāre, tractō	behandeln
iuvenis, is *m.*	junger Mann
pila, ae *f.*	Ball
summus, a, um	höchster
studium, ī *n.*	Eifer, Beschäftigung; Studium
currere, currō, cucurrī, cursum	laufen
iactāre, iactō	werfen
volāre, volō	fliegen
accūsāre, accūsō (dē)	anklagen (wegen)
iūdicium, iī *n.*	Urteil, Gericht; Meinung
iūdex, dicis *m.*	Richter
causa, ae *f.*	Fall; Grund, Ursache *(vgl. Lekt. 7)*
iūs, iūris *n.*	Recht
respondēre, spondeō, spondī, spōnsum	antworten; Bescheid geben
iniūria, ae *f.*	Unrecht, Ungerechtigkeit
cēnsēre, cēnseō, cēnsuī, cēnsum	meinen
perīculōsus, a, um	gefährlich
dēlēre, dēleō, dēlēvī, dēlētum	zerstören
culpa, ae *f.*	Schuld

Ordne folgende Lehn- und Fremdwörter sowie die Wörter aus dem Englischen und Französischen oben stehenden Vokabeln zu. Überlege jeweils auch, ob und ggf. wie sich ihre Bedeutung verändert hat.

to delete – courir – la culpabilité – *Zensur* – *identisch* – le juriste – *kursorisch* – judgement – apparaître – voler – répondre – injury – la miséricorde – to identify – *Traktat* – la pilule – to censor – study – les études *f.* – *Voliere* – raser – le vol – *Jura-Studium* – razor-blade – accusation – mieux – judge – la selle – le jugement – to respond – traiter – to appear – *zensieren* – *Pille* – la censure – périlleux, se – culpable.

Lektion 21

sextus, a, um	sechster
explicāre, explicō	erklären, ausführen
rēctē *Adv.*	richtig
dispōnere, pōnō, posuī, positum	verteilen, ordnen, anlegen
prīmō *Adv.*	anfangs, zuerst
interrogāre, interrogō	fragen
cōnstituere, stituō, stituī, stitūtum	aufstellen, festsetzen, errichten
aedificium, ī *n.*	Gebäude
aliter *Adv.*	anders
cōnstruere, struō, strūxī, strūctum	(er)bauen, errichten
distāre, distō, –, – (ab)	entfernt sein von; sich unterscheiden von
prīvāre, prīvō	berauben, befreien
frīgidus, a, um	kalt
exhaurīre, hauriō, hausī, haustum	ausschöpfen, leeren
āēr, āeris *m.*	Luft
fundere, fundō, fūdī, fūsum	ausgießen; zerstreuen
sub *m. Akk. (auf die Frage »wohin?«), m. Abl. (auf die Frage »wo?«)*	unter
candidus, a, um	weiß
color, ōris *m.*	Farbe
capillus, ī *m.*	Haar
sanguis, inis *m.*	Blut
cursus, ūs *m.*	Lauf, Bahn
subicere, iciō, iēcī, iectum	unterwerfen
niger, gra, grum	schwarz
exiguus, a, um	klein, gering, unbedeutend
fortis, e	tapfer
nātus, a, um	geboren
ut … ita	zwar … aber
merīdiēs, ēī *m.*	Mittag; Süden
fortitūdō, dinis *f.*	Tapferkeit
optimus, a, um	bester; sehr gut
dīvīnus, a, um	göttlich
mēns, mentis *f.*	Verstand, Gedanke, Sinn
ēgregius, a, um	ausgezeichnet, hervorragend
temperāre, temperō	mäßigen
collocāre, collocō (in aliquō locō)	(an einem Ort) aufstellen, einrichten

Ordne folgende Lehn- und Fremdwörter sowie die Wörter aus dem Englischen und Französischen oben stehenden Vokabeln zu. Überlege jeweils auch, ob und ggf. wie sich ihre Bedeutung verändert hat.

froid, e – *optimal* – colour – *Distanz* – *Konstruktion* – expliquer – to construct – *disponieren* –tempérer – *frigide* – *diffus* – to diffuse – fondre – native – *Kandidat* – la distance – né, e – constituer – course – la couleur – *Kapillargefäß* – constitution – to deprive – *Sanguiniker* – *Nigger* – noir, e – explication – *Meridian* – mental, e – fort, e – air – divine – le sang.

Lektion 22

Stammformen bereits gelernter Vokabeln

gaudēre, gaudeō, gāvīsus sum	sich freuen

sānus, a, um	gesund
sequī, sequor, secūtus sum *m. Akk.*	folgen
medicus, ī *m.*	Arzt
egēre, egeō, eguī, – *m. Abl.*	entbehren; nötig haben
varius, a, um	bunt; verschieden
modo … modo	bald … bald
rūrī	auf dem Land
saepius *Adv.*	öfter
nāvigāre, nāvigō	segeln, mit dem Schiff fahren
vēnārī, vēnor, vēnātus sum	jagen
quiēscere, quiēscō, quīevī, quiētum	ruhen
exercēre, exerceō	üben
sē exercēre	sich üben, trainieren
verērī, vereor, veritus sum	fürchten
firmāre, firmō	kräftigen, stärken
adulēscentia, ae *f.*	Jugend
reddere, reddō *m. dopp. Akk.*	zu etw. machen
prōdesse, prōsum, prōfuī	nützen
lavāre, lavō, lāvī, lautum/lavātum	waschen
lavārī, lāvor, lautus/lavātus sum	sich waschen, baden
ūtī, ūtor, ūsus sum *m. Abl.*	benutzen, gebrauchen
bis *Adv.*	zweimal
semel *Adv.*	einmal
ēbrius, a, um	betrunken
turpis, e	schimpflich, schändlich
ēbriētās, ātis *f.*	Trunkenheit
perturbāre, perturbō	(völlig) verwirren
vidērī, videor, vīsus sum	scheinen
cōnātus, ūs *m.*	Versuch, Bemühung
incertus, a, um	unsicher, ungewiss
gradus, ūs *m.*	Schritt, Stufe
dolēre, doleō, doluī, (-)	Schmerz empfinden; traurig sein; bedauern
velut *Adv.*	wie zum Beispiel; gleichsam
mūrus, ī *m.*	Mauer
movēre, moveō, mōvī, mōtum	bewegen
aegrōtāre, aegrōtō	krank sein
mīrārī, mīror, mīrātus sum	sich wundern
solēre, soleō, solitus sum	pflegen, gewohnt sein

Ordne folgende Lehn- und Fremdwörter sowie die Wörter aus dem Englischen und Französischen oben stehenden Vokabeln zu. Überlege jeweils auch, ob und ggf. wie sich ihre Bedeutung verändert hat.

miracle – to use – *graduell* – *Mobilität* – le médecin – exercise – various – grade – to navigate – incertain, e – adult – rendre – *Sequenz* – laver – *User* – medical – to perturb – sain, e – *variabel* –rural, e – quiet – la séquence – *Adoleszenz* – *turbulent* – lavatory – la quiétude – le mur – *sanieren* – *Firmung* – *exerzieren* – un adulte – *Immobilie*.

Lektion 23

Stammformen bereits gelernter Vokabeln

dīmittere, mittō, mīsī, missum	entlassen, fortschicken
legere, legō, lēgī, lēctum	lesen

dubitāre, dubitō	zweifeln, zögern
benīgnus, a, um	gütig, freundlich
hūmānus, a, um	menschlich; gebildet; freundlich
īnstruere, struō, strūxī, strūctum	unterrichten, unterweisen
Chrīstiānus, ī *m.*	Christ
Chrīstiānus, a, um	christlich
continēre, tineō, tinuī, tentum	enthalten, umfassen
imāgō, inis *f.*	Bild
fidēlis, e	treu, zuverlässig; aufrichtig
venerārī, veneror, venerātus sum	verehren, anbeten
maledīcere, dīcō, dīxī, dictum *m. Dat.*	*jdn.* schmähen, beleidigen
cōnstat, cōnstitit	es ist bekannt, es steht fest
minimus, a, um	kleinster, geringster
minimē *Adv.*	keineswegs, überhaupt nicht
affirmāre, firmō	versichern
duo, duae, duo	zwei
superstitiō, ōnis *f.*	Aberglaube
pergere, pergō, perrēxī, perrēctum	fortfahren
tamquam *Adv.*	gleichwie, gleichsam
dēferre, ferō, tulī, lātum	überbringen; anzeigen
sīn	wenn aber
cōnfitērī, fiteor, fessus sum	gestehen, bekennen
tertius, a, um	dritter
tertiō *Adv.*	zum dritten Mal
persevērāre, persevērō *m. Inf.*	fortfahren, weiterhin tun
supplicium, ī *n.*	Todesstrafe
quam *m. Superlativ*	möglichst
sevērus, a, um	ernst, streng
pūnīre, pūniō	bestrafen
fierī, fīō, factus sum	werden; geschehen; gemacht werden
multō *beim Komparativ*	um vieles, viel
māior, ōris	größer
augēre, augeō, auxī, auctum	vermehren, vergrößern

cārus, a, um	lieb, teuer
convincere, vincō, vīcī, victum	*eines Verbrechens* überführen
pessimus, a, um	schlechtester
exemplum, ī *n.*	Beispiel
saeculum, ī *n.*	Zeitalter, Jahrhundert

Ordne folgende Lehn- und Fremdwörter sowie die Wörter aus dem Englischen und Französischen oben stehenden Vokabeln zu. Überlege jeweils auch, ob und ggf. wie sich ihre Bedeutung verändert hat.

minimal – punir – to augment – la malédiction – une image – *exemplarisch* – to affirm – pessimiste – fidelity – un exemple – instruction – confesser – *Inkontinenz* – *Konfession* – fidèle – to venerate – *konstatieren* – to persevere – to doubt – human – superstition – to confess – le supplice –vénérer – bénin, bénigne – third – persévérer – to punish – cher, chère – benign – le siècle – affirmer – *instruktiv*.

Lektion 24

Stammformen bereits gelernter Verben

agere, agō, ēgī, āctum	tun; machen; treiben; betreiben

prōcōnsul, is *m.*	Prokonsul, Statthalter
velle, volō, voluī	wollen
grātia, ae *f.*	Ansehen; Dank; Gunst
grātiās agere, agō	Dank sagen
item *Adv.*	ebenso, auch
religiōsus, a, um	ehrwürdig, verehrt
simplex, icis	einfach, ehrlich
religiō, ōnis *f.*	Frömmigkeit, Religion
iūrāre, iūrō per *m. Akk.*	schwören bei
genius, ī *m.*	Geist, Schutzgeist
simplicitās, ātis *f.*	Einfachheit, Aufrichtigkeit
sacrum, ī *n.*	Heiligtum, Gottesdienst
auris, is *f.*	Ohr
praebēre, praebeō	hinreichen, darreichen
nōlle, nōlō, nōluī	nicht wollen
potius *Adv.*	vielmehr, lieber
mālle, mālō, māluī	lieber wollen
cēterī, ae, a	die Übrigen
particeps, cipis *m. Gen.*	beteiligt *an*, teilnehmend *an*
spatium, ī *n.*	Raum, Zeitraum
iūstus, a, um	gerecht
necessitās, ātis *f.*	Notwendigkeit
nēmō nostrum	keiner von uns
mora, ae *f.*	Aufschub, Zeit(raum)
trīgintā *undeklinierbar*	dreißig
facultās, ātis *f.*	Möglichkeit
recordārī, recordor	sich erinnern; bedenken; nachdenken
dēcrētum, ī *n.*	Beschluss, Anordnung

tabula, ae *f.*	Tafel
rītus, ūs *m.*	Brauch, Ritus
quoniam	da ja
animadvertere, vertō, vertī, versum	bemerken; tadeln; bestrafen
placet	man beschließt
ūniversus, a, um	gesamt; *im Pl.* alle
statim *Adv.*	sofort

Ordne folgende Lehn- und Fremdwörter sowie die Wörter aus dem Englischen und Französischen oben stehenden Vokabeln zu. Überlege jeweils auch, ob und ggf. wie sich ihre Bedeutung verändert hat.

partizipieren – *jurer* – *juste* – Universum – religiös – space – spazieren gehen – *la faculté* – Justiz – *le rite* – *to participate* – sakral – simpel – *religious* – *necessity* – *religieux, se* –la grace – le décret – *universal* – *une oreille* – Plazet – Ritualmord – *un espace* – Moratorium –Dekret – *le tableau* – rituell – *to please* – Universität – *participer* – fakultativ – *decree* – *simplicity.*

Lektion 25

clādēs, is *f.*	Niederlage; Unglück; Schaden
populāris, e	Volks-, des Volkes
incommodum, ī *n.*	Nachteil; Niederlage
ascendere, ascendō, ascendī, ascēnsum	hinaufsteigen
moenia, ium *n.*	Stadtmauer
leō, ōnis *m.*	Löwe
adventus, ūs *m.*	Ankunft
pauper, eris	arm
īnfimus, a, um	unterster, niedrigster
īnferre, īnferō, intulī, illātum	hineintragen, zufügen
tunc *Adv.*	damals, dann
miseria, ae *f.*	Unglück, Elend
querī, queror, questus sum	sich beklagen
īgnis, is *m.*	Feuer
vetus, eris	alt
comparāre, parō	zusammenstellen, vergleichen
levis, e	leicht, geringfügig
accidere, cidō, cidī, –	vorfallen, sich ereignen
innocentia, ae *f.*	Unbescholtenheit, Rechtschaffenheit
imber, bris *m.*	Regen
dēficere, ficiō, fēcī, fectum	abnehmen; mangeln; ausbleiben
cōttidiē *Adv.*	täglich, Tag für Tag
plācāre, plācō	besänftigen, versöhnen
āvertere, vertō, vertī, versus	abwenden, abkehren
āridus, a, um	trocken
continentia, ae *f.*	Selbstbeherrschung, Enthaltsamkeit
studiōsus, a, um *m. Gen.*	eifrig bemüht *um*
dētrīmentum, ī *n.*	Schaden

innocēns, entis — unschuldig, rechtschaffen
sōlus, a, um — allein

Ordne folgende Lehn- und Fremdwörter sowie die Wörter aus dem Englischen und Französischen oben stehenden Vokabeln zu. Überlege jeweils auch, ob und ggf. wie sich ihre Bedeutung verändert hat.

to avert – vieux, vieille – *Adventszeit* – un ascenseur – le détriment – innocence – quotidian – aride – *Defizit* – popular – *Komparativ* – to ascend – le lion – advenir – pauvre – infime – *Veteran* – comparer – levity – accident – la continence – deficient – *Aversion* – poor – populaire – une aversion – arid.

Lektion 26

monastērium, ī *n.*	Kloster
monachus, ī *m.*	Mönch
ōrdō, ōrdinis *m.*	Ordnung; Stand, Klasse; Orden
ūsque ad *m. Akk.*	bis zu
observāre, servō	beobachten; beachten, befolgen
rēgula, ae *f.*	Regel
oboedientia, ae *f.*	Gehorsam
aeternus, a, um	ewig
gradī, gradior, gressus sum	(be)schreiten
arbitrium, ī *n.*	Urteil; (freie) Entscheidung
dēsīderium, ī *n.*	Sehnsucht, Wunsch
quia	weil
cor, cordis *n.*	Herz
tālis, e	so beschaffen, derartig
factum, ī *n.*	Tat; Tatsache
inimīcus, a, um	feindlich; *subst.*: Feind
anima, ae *f.*	Seele
occupāre, occupō	einnehmen, besetzen; beschäftigen
ēligere, ēligō, ēlēgī, ēlēctum	auswählen
seniōrēs, um *m.*	die Älteren
vacāre, vacō *m. Dat.*	*für etw.* Zeit haben, sich *einer Sache* widmen
peccāre, peccō	sündigen; eine Verfehlung begehen
trādere, trādō, trādidī, trāditum	übergeben, anvertrauen; überliefern
proprius, a, um	eigen; eigentümlich
omnīnō *Adv.*	ganz und gar, völlig
quisquam, quicquam; *Gen.* cuiusquam	(irgend)jemand, (irgend)etwas

Ordne folgende Lehn- und Fremdwörter sowie die Wörter aus dem Englischen und Französischen oben stehenden Vokabeln zu. Überlege jeweils auch, ob und ggf. wie sich ihre Bedeutung verändert hat.

les vacances *f.* – desire – *graduell* – property – fact – voluntary – le cœur – la tradition – enemy – pécher – *Fakt* – senior – un ordre – observer – obéir – eternal – le monastère – le grade – le désir – monastery – le fait – un ennemi – *animieren* – éternel, le – le moine – to occupy – *vakant* la règle – arbitrary – propre – monk – order – obedience.

Lektion 27

quamobrem?	weshalb?
muliebris, e	weiblich
sapere, sapiō, sapīvī/sapiī, –	weise/klug sein, seinen Verstand gebrauchen
suāvis, e	süß, angenehm
ergō *Adv.*	also
somnus, ī *m.*	Schlaf
convīvium, ī *n.*	Gastmahl
vehemēns, vehementis	heftig
intellegere, legō, lēxī, lēctum	erkennen; verstehen, einsehen
īnfēlīx, īnfēlīcis	unglücklich
utique *Adv.*	jedenfalls
mātrōna, ae *f.*	(verheiratete/ehrbare) Frau
administrāre, ministrō	leiten, verwalten
domesticus, a, um	häuslich; zum Haus gehörend
lingua, ae *f.*	Zunge; Sprache
puella, ae *f.*	Mädchen
decet *(von* decēre; *nur Inf. und 3. Pers. Sg.)*	es gehört sich; *m. Akk.*: es ziemt sich *für*
poēta, ae ***m.***	Dichter
praedicāre, dicō	rühmen; laut verkünden
pudor, ōris *m.*	Scham(gefühl); Ehrgefühl
contemnere, temnō, tempsī, temptum	verachten, gering schätzen
ērudītus, a, um	gebildet
oblīvīscī, oblīvīscor, oblītus sum *m. Akk. od. Gen.*	*etw.* vergessen
familiāritās, tātis *f.*	vertrauter Umgang; Freundschaft
parere, pariō, peperī, partum	hervorbringen, erzeugen
ratiō, ōnis *f.*	Vernunft
adimere, imō, ēmī, emptum	wegnehmen; an sich nehmen
parum *Adv.*	zu wenig
superesse, sum, fuī	übrig sein; überleben; (reichlich) vorhanden sein

Ordne folgende Lehn- und Fremdwörter sowie die Wörter aus dem Englischen und Französischen oben stehenden Vokabeln zu. Überlege jeweils auch, ob und ggf. wie sich ihre Bedeutung verändert hat.

rational – contempt – *Prädikat* – language – poet – to predicate – *domestizieren* – *Vehemenz* – *Administration* – *Matrone* – un érudit – la pudeur – administrer – ratio –savoir – domestique – vehement – *Intellektueller* – la langue – le convive – décent, e –la familiarité –la raison.

Lektion 28

epistula, ae *f.*	Brief
discēdere, cēdō, cessī, cessum	weggehen
mare, is *n.*	Meer
pervenīre, veniō, vēnī, ventum	hinkommen, (hin)gelangen
īnsula, ae *f.*	Insel

reperire, reperiō, repperī, repertus	finden, entdecken
possessiō, ōnis *f.*	Besitz
incola, ae *m. und f.*	Einwohner
uterque, utraque, utrumque; *Gen.* utrīusque; *Dat.* utrīque	jeder (von beiden)
sexus, ūs *m.*	Geschlecht
nūdus, a, um	nackt
incēdere, cēdō, cessī, cessum	einhergehen; eindringen
tegere, tegō, tēxī, tēctum	(be)decken
trēs, trēs, tria; *Gen.*: trium; *Dat.*: tribus	drei
loquī, loquor, locūtus sum	reden, sprechen
celer, celeris, celere	schnell
arripere, ripiō, ripuī, reptum	an sich reißen, ergreifen
permultī, ae, a	sehr viele
cēterum *Adv.*	übrigens
cernere, cernō, crēvī, crētum	wahrnehmen, entscheiden
tūtus, a, um	geschützt, sicher
admodum *Adv.*	sehr
līberālis, e	vornehm; freigebig
immō *Adv.*	im Gegenteil
vīs, *Akk.*: vim, *Abl.*: vī *f.*	Kraft, Gewalt
inde *Adv.*	von dort; von da an
nauta, ae ***m.***	Seemann, Matrose
dēscendere, scendō, scendī, scēnsum	herabsteigen
ūtilis, e	nützlich
sānctus, a, um	heilig
pollicērī, polliceor, pollicitus sum	versprechen
revertī, vertor, vertī, –	zurückkehren
aurum, ī *n.*	Gold
māiestās, tātis *f.*	Größe, Würde, Majestät
exigere, igō, ēgī, āctum	fordern; ausführen, vollenden
facilis, e	leicht; freundlich *zu*
convertere, vertō, vertī, versum	umwenden, verändern; bekehren
extrēmus, a, um	äußerster, letzter

Ordne folgende Lehn- und Fremdwörter sowie die Wörter aus dem Englischen und Französischen oben stehenden Vokabeln zu. Überlege jeweils auch, ob und ggf. wie sich ihre Bedeutung verändert hat.

majestätisch – extrême – descendre – *Extremitäten* – la majesté – possession – *Extremist* – *konvertieren* –*Tutor* – liberal, e – nautique – isle – *maritim* – *Detektiv* – détecter – une île – la mer – *sexuell.*